나에게 힘을 주는 하루 한 문장

인생 명언 100

김우태 지음

_____ 님에게 드립니다.

나에게 힘을 주는 하루 한 문장

인생 명언 100

주변의 말보다 울림을 주는 글 한 줄이 나의 마음에 와닿습니다.

성공이라는 단어는 어찌 보면 막연하기만 합니다. 시작조차 엄두를 내지 못하는 사람들, 도중에 좌절해버리는 사람들이 많습니다. 도전의 모든 단계에 있는 사람들에게 도움을 줄 수 있는 말을 하고 싶습니다.

인생의 멘토가 될 만한 사람들을 책 속에서 찾았습니다. 그들은 도서관과 서점에서 우리를 기다리고 있습니다. 책을 읽으며 만난 수많은 멘토 중 정신적 울림을 준 100명을 골랐습니다. 성공을 위해 노력하고, 결국 달성한 사람들의 명언을 여러분과 나누고 싶었습니다.

그들이 한 말과 함께 그들의 발자취를 따라가 보세요. 우리를 성공으로 이끌어줄 것입니다.

한마디 말에도 힘이 있습니다. 한 줄, 한 줄이 우리의 삶을 이끌어줍니다. 행복으로 향하는 길을 안내해주기도 합니다.

한 번에 읽고 마는 것이 아니라 늘 옆에 두고 매일 조금씩 읽어보시길 권합니다.

여러분의 성공에 보탬이 되기를 바랍니다.

김우태

목차

2장

희망을 주는 한마디

목
차

\# 3장

다시 뛰게 하는 한마디

47 새뮤얼 스마일스 _110

48 헬렌 켈러 _112

49 스티븐 커비 _114

50 루트비히 판 베토벤 _116

51 톰 피터스 _118

52 마리 퀴리 _120

53 스와미 비베카난다 _122

54 찰리 채플린 _124

55 웨인 다이어 _126

56 잭 캔필드 _128

57 페터 비에리 _130

58 에릭 호퍼 _132

59 앤드루 매슈스 _134

60 빅터 프랭클 _136

61 닉 부이치치 _138

62 헤리엇 비처 스토 _140

63 알렉산드르 푸시킨 _142

64 이순신_144

65 로버트 콜리어 _146

66 베이브 루스 _148

67 길버트 키스 체스터턴 _150

1장　마음을 잡아주는 한마디

마음가짐

각오

준비

다짐

자기 암시

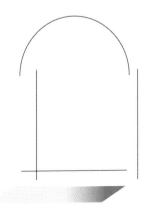

데
일
카
네
기

❝ 생각이 우리를 만든다.❞

Our thoughts make us what we are.

데일 카네기 Dale Carnegie (1888~1955)
미국의 작가. 가난한 농부의 아들로 태어나 농부, 교사, 세일즈맨 등으로
일을 했다. 1912년부터 YMCA에서 대화법 및 대중연설을 가르치며 성
공의 발판을 마련했다. 카네기 연구소를 설립했고, 〈데일 카네기 인간관
계론〉, 〈데일 카네기 자기관리론〉 등을 썼다.

생각은 과거를 만들었고,
현재를 만들고, 미래를 만듭니다.
우리가 달에 갈 수 있는 것도
생각에서 시작되었습니다.
생각이 없었다면 그 어떤 것도
이룰 수 없었을 겁니다.

결국 우리의 생각이 우리를 만듭니다.
우리가 생각을 만들지만,
그 생각이 우리를 만들게 됩니다.

마
크
빅
터
한
센

" 원하는 사람이 되기 위한 첫걸음은
꿈과 목표를
종이에 기록하는 것 "

*By recording your dreams and goals on
paper, you set in motion the process of
becoming the person you most want to be.*

마크 빅터 한센 Mark Victor Hansen (1948~)
미국의 작가. 〈뉴욕타임스〉 190주 연속 베스트셀러라는 경이로운 기록
을 세운 〈영혼을 위한 닭고기 수프〉의 저자다. 〈마음을 열어주는 101가
지 이야기〉 등을 썼다.

철저한 각오나 의지도 필요 없습니다.
바라는 꿈이나 희망사항을 종이 위에 써보십시오.
10년 후 다시 꺼내보세요.
거의 대부분 이루어져 있을 겁니다.

꿈을 계속 꾸면,
꿈이 알아서 꿈을 이루어주려고 합니다.

윈
스
턴
처
칠

**❝ 나로 말할 것 같으면
긍정주의자인데,**

**다른 주의자가 돼봤자
별 쓸모가 없을 것 같기 때문이다. ❞**

*For myself I am an optimist,
it does not seem to be much use being
anything else.*

윈스턴 처칠 Winston Churchill (1874~1965)
영국의 정치인. 제1차 세계대전에 해군 장교로 참전했고, 제2차 세계대
전 때 영국 총리를 지냈다. 수학은 못했지만 글솜씨가 좋아 〈제2차 세계
대전〉으로 노벨문학상을 받았다. 〈나의 전반생〉 등을 썼다.

말썽꾸러기 낙제생이었던 처칠은
후에 영국의 총리가 되어
제2차 세계대전을 승리로 이끕니다.
또한 그것을 바탕으로
〈제2차 세계대전〉이라는 책을 써서
노벨문학상까지 받게 됩니다.

이렇게 성공할 수 있었던 이유가
그가 선택한 '긍정주의' 때문이 아니었을까요?

월리엄 클레멘트 스톤

**" 긍정적인 자기 암시를 위해
매일 주문을 외워라.**

**나는 건강하다!
나는 행복하다!
나는 훌륭하다! "**

*Daily mantra for positive self-suggestion.
I feel healthy!
I feel happy!
I feel terrific!*

월리엄 클레멘트 스톤 William Clement Stone (1902~2002)
미국의 사업가이자 작가. 3세 때 아버지가 죽은 후 6세부터 신문을 팔았
다. 16세에 어머니와 함께 보험사를 차려 큰돈을 벌었다. 〈포춘〉이 선정
한 '미국 50대 부자'에 이름을 올리기도 했다. 〈클레멘트처럼 성공하기〉,
〈성공의 제한 없는 보고〉 등을 썼다.

거울을 볼 때마다 자기 암시를 해보세요.
나는 성공한다. 나는 건강하다. 나는 멋지다.
나는 나를 믿는다.
반복은 무엇이든 습관으로 정착시킵니다.
습관이 되면 저절로 나옵니다.
저절로 하는 습관이 들면 뇌에 각인이 됩니다.
세뇌가 되면 잠재의식 속에 박히고,
잠재의식은 나를 위해, 어떻게든 성공하기 위해
내가 잠잘 때도, 밥 먹을 때도, 일할 때도
나를 위해 일하게 됩니다.

내 꿈을 모르겠을 때 꿈을 찾아주고,
노력할 때 더 노력할 수 있게 힘을 주고,
포기하고 싶을 때 나를 잡아줍니다.
종교가 있다면 종교의 힘을 빌리면 되고,
종교가 없다면 잠재의식의 힘을 사용하면 됩니다.

법
정

" 우주의 기운은 자력과 같아서,
우리가 일단 어두운 마음을 지니고 있으면
어두운 기운이 몰려온다.

그러나 밝은 마음을 지니고
긍정적이고 낙관적으로 살면
밝은 기운이 밀려와
우리의 삶을 밝게 비춘다. **"**

법정 (1932~2010)
스님이자 수필가. 1997년 서울 성북동에 길상사를 창건했으나 2003년
물러나 강원도 산골에서 무소유의 삶을 실천했다. 〈무소유〉를 비롯해
30여 권의 책을 냈다. 〈버리고 떠나기〉, 〈말과 침묵〉 등을 썼다.

긍정적인 사람 주위에는
긍정적인 사람들이 모이고,
긍정적인 에너지가 뿜어나오고,
긍정적인 결과가 따라옵니다.

비슷한 것끼리 모이고,
비슷한 것끼리 끌어당깁니다.
성공을 꿈꾼다면, 성공과 비슷한 것들과
친해져 보는 겁니다.
성실, 꾸준함, 노력, 최선, 열정, 극기….

르네 데카르트

❝ 나는 생각한다.
　　　　고로 존재한다. **❞**

I think, therefore I am.

르네 데카르트 René Descartes (1596~1650)
프랑스의 철학자이자 수학자, 과학자. 몸은 병약했으나 머리는 똑똑했
다. 군인의 길을 포기하고 수학, 철학, 과학에 매진해 〈기하학〉, 〈철학
의 원리〉 등을 썼다.

생각하고, 말하고, 행동하는 것으로부터
우리는 만들어집니다.
말도 생각에서부터 시작되고,
행동도 생각에서부터 시작됩니다.

생각이 우리의 존재를 규정합니다.
생각하는 시간을 따로 떼어
만들어보는 건 어떨까요?

오
리
슨
스
웨
트
마
든

**"되고 싶은 사람처럼
걷고, 말하고, 행동하라.

그 사람처럼 될 가능성이
높아질 것이다."**

*Walk, talk and act as though you were
a somebody, and you are more likely to
become such.*

오리슨 스웨트 마든 Orison Swett Marden (1848~1924)
미국의 작가. 새뮤얼 스마일스와 랠프 월도 에머슨의 영향을 받았다. 하
버드대학교에서 의학을, 보스턴대학교에서 법학을 공부했다. 호텔을 경
영하다 전업 작가로 전향해 베스트셀러 〈선두를 향하여〉를 썼다.

우리가 처음에 어떻게 운전할지 몰랐을 때
운전하는 사람을 따라 했던 것처럼,
어떻게 성공할지 모르겠다면
성공한 사람을 따라 하는 것도 한 방법입니다.
이미 성공한 사람처럼 성공 방식을 따라 하다 보면,
성공의 길이 보일 것입니다.

윌리엄 셰익스피어

" 좋은 일도, 나쁜 일도
모두 당신 생각이
그렇게 만든 것이다. **"**

There is nothing either good or bad,
but thinking makes it so.

윌리엄 셰익스피어 William Shakespeare (1564~1616)
영국의 극작가이자 시인. 영국이 가장 사랑하는 작가. 4대 비극과 5대
희극을 포함해 많은 작품을 남겼다. 〈로미오와 줄리엣〉, 〈헨리5세〉 등
을 썼다.

내가 성공할 수 있다고 믿는 것도 맞고,
내가 성공할 수 없다고 믿는 것도 맞습니다.
나는 실패할 수 있다고 믿는 것도 맞고,
나는 실패할 수 없다고 믿는 것 또한 맞습니다.

다 맞는다면, 어떤 생각이 더 나을까요?

데
이
비
드
랜
즈

"이 세상 낙천주의자들은
일이 항상 잘 풀려서가 아니라
긍정적인 사고를 가졌기 때문이다.

일이 잘못돼도 그들은 긍정적이다.
이런 긍정적 사고야말로
수정하고 개선해서
마침내 성공에 이르게 한다.**"**

In this world, the optimists have it,
not because they are always right,
but because they are positive.
Even when they are wrong, they are positive,
and that is the way of achievement,
correction, improvement and success.

데이비드 랜즈 David S. Landes (1924~2013)
미국의 역사학자 겸 경제학 교수. 1942년 뉴욕시립대학에서 학사 학위
를, 1953년 하버드대학교에서 박사 학위를 받았다. 〈시간 혁명〉, 〈해방
된 프로메테우스〉 등을 썼다.

긍정이 꼭 정답은 아닐 것입니다.
그래도 긍정적인 사람들이 뭔가를 만들어냅니다.

실패했을 때도 긍정주의자들은 버텨냅니다.
실패를 성공으로 바꾸는 능력이 탁월합니다.
긍정의 힘입니다.

조이스 브라더스

**" 성공은 마음가짐이다.
성공하고 싶다면
성공했다고 먼저 생각하라. "**

*Success is a state of mind.
If you want success, start thinking of
yourself as a success.*

조이스 브라더스 Joyce brothers (1927-2013)
미국의 심리학자이자 작가. 1955년 게임쇼인 '가장 중요한 질문'에서
최고상을 수상하며 유명해졌다. 〈우리는 99%의 행운을 가지고 있다〉,
〈사랑과 결혼에 대한 카운슬링〉 등을 썼다.

오늘부터 이렇게 결심해보세요.

나는 성공한 사람이다.

곧 성공할 사람이다.

아직은 아니지만,

결국 성공할 사람이다.

왜냐하면,

성공할 때까지 할 거니까.

피
스
필
그
림

" 생각의 힘이
얼마나 강한지 깨닫는다면
결코 부정적인 생각을
하지 않을 것이다. "

If you realized how powerful your
thoughts are, you would never think
a negative thought.

피스 필그림 Peace Pilgrim (1908~1981)
미국의 평화 순례자. 28년을 평화를 위해 걸었다. 음식을 얻고, 길에서
잠을 청하며 평화운동을 했다. '피스'는 평화를, '필그림'은 순례자를
뜻한다.

성공한 사람들은 모두 긍정주의자였습니다.

힘든 상황 속에서도 희망을 보았고,

할 수 있다고 자신을 믿었습니다.

부정적인 생각이 들 때면 일부러 털어버렸습니다.

좋은 생각이 좋은 일을 불러올 것을

알고 있었기 때문입니다.

소크라테스

**" 반성하지 않는 삶은
살 가치가 없다. "**

The unexamined life is not worth living.

소크라테스 Socrates (B.C. 470~B.C. 399)
고대 그리스의 철학자. 문답을 통해 상대의 무지를 깨닫게 하고, 시민의
도덕의식을 개혁하는 일에 힘썼다. 신을 모독하고 청년을 타락시켰다는
혐의로 사형판결을 받았다. 그의 사상은 제자 플라톤의 〈대화편〉에 나타
난다.

하루를 돌아보며 버릴 것은 버리고
얻을 것은 얻는 과정을 통해
삶은 점점 발전합니다.
성찰하는 과정이 없다면 성공도 더딜 것입니다.

하루에 하나씩
나쁜 습관을 버리고 좋은 습관을 만들면
10년 뒤엔 완벽한 사람이 된 나 자신을
발견할지도 모릅니다.

시어도어 루빈

"나는 내 안의 바보를 사랑하는 법을 배워야 한다.

그렇게 많은 감정을 느끼고,
그렇게 많이 떠들고,
수많은 기회를 날려버리고,
이길 때도 있지만 대부분 지고,
자제력이 부족하고,
사랑과 미움이 공존하고,
상처를 주고 상처를 입으며,
약속을 하고 약속을 어기고,
울고 웃는 바보를."

I must learn to love the fool in me,
the one who feels too much, talks too much,
takes too many chances, wins sometimes
and loses often, lacks self-control, loves and
hates, hurts and gets hurt, promises and
breaks promises, laughs and cries.

시어도어 루빈 Theodore Isaac Rubin (1923~2019)
미국의 정신과 의사이자 작가. 브루클린대학교에서 심리학 석사 학위를
받았고, 20권 이상의 소설과 논픽션을 남겼다. 〈절망이 아닌 선택〉, 〈마
음을 다스리고 열어주는 63가지 지혜〉 등을 썼다.

완벽한 사람은 없습니다.
완벽하려고 노력할 필요도 없습니다.
자신을 바로 알기만 하면 됩니다.

그것이 성공의 첫 단추입니다.
자신에게 어울리는 성공이 있습니다.

클로드 브리스틀

" 믿음에는
창조적 마법이 있다고 믿어라.

실제로 그렇다.
믿음은 당신이 하는 모든 일에
성공할 수 있는 힘을 준다. "

*Just believe that there is genuine creative
magic in believing, and magic there will be,
for belief will supply the power which will
enable you to succeed in everything you
undertake.*

클로드 브리스틀 Claude M. Bristol (1891~1951)
미국의 신문기자이자 금융가. 제1차 세계대전에서 종군기자로 활약했
다. 이후 투자은행에 취직해 부사장이 되었다. 소책자 〈TNT, 지구를 흔
드는 힘〉을 출간해 커다란 반향을 일으켰다. 〈신념의 마력〉 등을 썼다.

'나는 성공할 것이다'라는 말을
하루에 백 번씩 말해보세요.

처음에는 터무니없이 느껴지는 것 같더라도
점점 정말 성공할 것 같은 기분이 들게 됩니다.
제삼자가 보면 정신 나간 사람처럼 보여도 말이죠.

조
지
프
머
피

**"당신은
당신이 생각하는 것만큼 젊다.**

**당신은
당신이 생각하는 것만큼 강하다.**

**당신은
당신이 생각하는 것만큼 훌륭하다."**

You are as young as you think you are.
You are as strong as you think you are.
You are as useful as you think you are.

조지프 머피 Joseph Murphy (1898~1981)
미국의 목사이자 작가. 30년 가까이 교회 목사로 활동했으며, 전 세계를
다니며 잠재의식의 힘에 대해 알렸다. 〈잠재의식의 힘〉, 〈잠자면서 성공
한다〉 등을 썼다.

우리는 모두 생각할 수 있는 힘을 지녔습니다.
같은 일이라도 밝은 면만 볼 수 있는 선택권이 있습니다.

이제부터 우리에게 주어진 힘과 권리를 사용해서,
현실에 휘둘리지 않고,
우리의 생각에 의해 살아보는 건 어떨까요?

16

이
소
룡

**"항상 너 자신이 되어라.
너 자신을 표현하라.
너 자신을 믿어라!"**

*Always be yourself,
express yourself;
have faith in yourself!*

이소룡 Bruce Lee (1940~1973)
중국계 미국인 배우. 홍콩과 미국에서 영화배우로 성공했다. 절권도를
창시한 무술가다. 영화 〈용쟁호투〉, 〈정무문〉 등에 출연했다.

삶을 변화시키고 싶은 순간이 오면
'나는 나를 믿는가?'라는 질문을 던져보십시오.

그 질문에 대한 대답으로
'나는 나를 믿는다'라고 말할 수 있다면
삶은 변하기 시작할 것입니다.

하
루
야
마

시
게
오

**"무엇이든 긍정적인 발상을 하는
습관을 가진 사람은
면역성이 강해
좀처럼 병에 걸리지 않는다."**

*何でもプラスの発想をする習慣を持つ人は、
免疫性が強く、なかなか病気にならない。*

하루야마 시게오 春山茂雄 (1940~)
일본의 스포츠의학 전문의. 도쿄대 의학부를 졸업하고 의학박사 학위를
받았다. 서양의학과 동양의학을 접목한 치료를 통해 이름을 알렸다. 〈뇌
내 혁명〉, 〈다이어트 혁명〉 등을 썼다.

긍정적 사고는 정신을 건강하게 만들어줍니다.
건강한 정신은 면역력을 높여
우리의 몸을 강하게 만들어줍니다.

긍정적 사고를 통해 정신과 육체에
건강을 불어넣을 수 있습니다.
건강한 신체에 건전한 정신이 깃든다는 말이 있습니다.
거꾸로 건전한 정신이 건강한 신체를 만듭니다.
건강을 바탕으로 성공도 착착 이룰 수 있는 것입니다.

18

존
맥스
웰

**" 약점에 집중하면
기껏해야 평균밖에 안 된다.**

**그래봤자
아무도 알아주지 않는다. "**

*When we focus on our weaknesses,
the best we can do is work our way up to
average. Nobody pays for that.*

존 맥스웰 John Maxwell (1947~)
미국의 작가이자 목사, 리더십 전문가. 〈포춘〉 선정 500대 기업의 리더
들과 각국 정부 지도자들을 상대로 30년 넘게 강연 활동을 펼치고 있다.
〈사람은 무엇으로 성장하는가〉, 〈다시 일어서는 힘〉 등을 썼다.

성공한 사람들을 잘 살펴보세요.

그들은 모든 것을 다 잘하지 않았습니다.

자신에게 잘 어울리는 것을

갈고 닦았을 뿐입니다.

잘하는 것에 집중해서 한 우물만 파면 됩니다.

19

이
회
영

" 인간으로 세상에 태어나서
누구나 자기가 바라는 목적이 있다.

이 목적을 달성한다면
그보다 더한 행복은 없을 것이다.
그 목적을 달성하기 위해
그 자리에서 죽는다 하더라도
이 또한 행복 아닌가. **"**

이회영 (1867~1932)
독립운동가. 조선 최고 명문가에서 태어났다. 전 재산을 팔아 만주로 망
명해 항일 독립운동을 펼쳤다. 신민회, 헤이그 특사, 신흥무관학교, 고종
의 국외 망명, 의열단 등에 관여했다. 신채호 등과 무정부주의운동을 전
개했다.

자신이 바라던 성공을 하면 당연히 행복합니다.
하지만 성공을 이루지 못했더라도
성공을 향한 여정에서도 우리는 행복할 수 있습니다.

성공의 달성 여부를 떠나
그 길을 가고 있다는 것도 의미가 클 것입니다.

삭
티

거
웨
인

❝ 우리가 내면에서 만들어낸 것은
바깥에 그대로 드러난다. **❞**

*What we create within is mirrored
outside of us.*

삭티 거웨인 Shakti Gawain (1948~2018)
미국의 작가. 베스트셀러 저자이자 전 세계적으로 의식 분야를 이끌어온
전문가다. 〈내 안에 부자가 숨어있다〉, 〈간절히 원하면 기적처럼 이루어
진다〉 등을 썼다.

인류가 달에 갈 수 있었던 것은
갈 수 있다고 생각했기 때문입니다.
지금은 화성에서 드론을 띄웁니다.
앞으로는 달로 신혼여행을 가게 될 것입니다.

이것이 바로 생각의 힘입니다.
생각하지 않았다면 이런 일은
일어나지도 않았을 겁니다.

어떤 생각의 씨앗을 뿌리느냐,
어떤 생각의 물을 부어주느냐,
어떤 생각의 정성을 들이냐에 따라
결과물은 달라집니다.

21

허
버
트
·
벤
슨

" 뇌는 우리가 믿고 기대하는 쪽으로
향하게 되어있다.

뇌가 작동하기 시작하면
신체는 그 믿음이 사실인 것처럼 반응해서
난청이나 갈증을 일으키고,
건강하거나 병이 든 것처럼
착각하게 만든다. "

*Our brains are wired for beliefs and
expectancies.*
*When activated, the body can respond as it
would if the belief were a reality, producing
deafness or thirst, health or illness.*

허버트 벤슨 Herbert Benson (1935~)
미국의 의사. 영성과 치유를 의학에 도입했고, 하버드대학교에서 의학
박사 학위를 취득했다. 신체 변화를 유도해 건강을 유지할 수 있는 '이완
반응'을 주장해서 화제를 불러일으켰다. 〈이완 반응〉, 〈이완 혁명〉 등의
책을 썼다.

플라시보 효과라는 게 있습니다.

위약 효과, 가짜 약 효과라고도 부릅니다.

의사가 약효가 없는 약을

약효가 있는 약이라고 속이고 환자에게 먹였더니

환자가 병에서 나았다는 실험입니다.

약이 환자를 낫게 하는 것이 아닙니다.

환자의 생각이 그렇게 만들었습니다.

22

에
모
토

마
사
루

" 말은 사람의 마음을 나타낸다.
어떤 마음가짐으로 사느냐에 따라
인체의 70퍼센트를 차지하는 물이 바뀌고,
그 변화는 몸에 그대로 나타난다. "

言葉はその人の心を表す。
どんな心で人生を生きるかが体の70%を占
める水を変え、
その変化は体にそのまま現れる。

에모토 마사루 江本勝 (1943~2014)
일본의 의사이자 과학자. 물과 파동의학 분야에서 독창적인 연구를 해
왔다. 물에 전달되는 인간의 생각에 따라 결정의 모양이 바뀐다는 주장
으로 유명하다. 〈파동시대의 서막〉, 〈물이 전하는 말〉 등을 썼다.

힘이 나는 말을 해보세요.

힘이 날 겁니다.

반대로 힘 빠지는 말을 해보세요.

말 그대로 힘이 빠질 겁니다.

말에는 힘이 있습니다.

좋은 말을 하면 몸이 반응해서 좋은 상태가 됩니다.

힘든 시련이 닥쳐도 긍정의 말을 해보세요.

일어설 힘이 생길 겁니다.

2장 희망을 주는 한마디

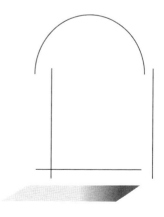

23

론
다
번

**❝ 원하는 것이 무엇인지 정하고,
그것을 가질 수 있다고 믿어라.
그럴 자격이 있다고 믿어라.
당신에게는 가능하다고 믿어라. ❞**

*Decide what you want.
Believe you can have it.
Believe you deserve it.
Believe it's possible for you.*

론다 번 Rhonda Byrne (1951~)
오스트레일리아의 작가이자 TV 프로듀서. 2004년 아버지의 죽음 이후
우울했을 때, 딸의 권유로 윌리스 와틀스의 〈부의 비밀〉을 읽고 성공학
에 관심을 가졌다. 〈시크릿〉, 〈파워〉 등을 썼다.

마음으로 원하는 것을 생각하고
그 꿈이 마음에 가득하게 할 수 있다면,
꿈은 실현될 것입니다.
마음속에 원하는 것을 가득 채우는 방법은
같은 말을 계속 암송하는 것입니다.

시간이 나면 '나는 성공한다'를
계속 암송하는 겁니다.
알람을 맞춰놓고 '나는 성공한다'를 계속 암송하세요.
휴대폰 액정에 '나는 성공한다'를 써놓고
볼 때마다 암송하세요.
길을 걸으면서도 '나는 성공한다'를 암송하세요.
TV 드라마를 보면서도 '나는 성공한다'를 암송하세요.
마음에 꽉 들어찰 때까지 계속해보세요.

24

앤
서
니
로
빈
스

" 우리는 삶을 바꿀 수 있다.
우리가 바라는 것을
할 수 있고, 가질 수 있고, 될 수 있다! **"**

We can change our lives.
We can do, have, and be exactly
what we wish.

앤서니 로빈스 Anthony Robbins (1960~)
미국의 작가. 세계적인 동기부여 전문가이자 변화심리학의 권위자다.
〈네 안의 잠든 거인을 깨워라〉, 〈거인의 힘 무한능력〉 등을 썼다.

'노력하면 성공한다'는 명제가 있다고 칩시다.

거꾸로 보겠습니다.

'성공하려면 노력해야 한다'가 됩니다.

거꾸로 말하니까 더 힘이 납니다.

우리는 모두 성공할 수 있습니다.

그래서 노력하는 겁니다.

로
버
트
슐
러

**"꿈을 꾸면 그 꿈이
　　　당신을 만들 것이다."**

Build a dream and the dream will build you.

로버트 슐러 Robert Schuller (1926~2015)
미국의 목회자. 수정교회의 창립자. 그가 출연한 교회 예배 '아워 오브
파워'는 전 세계에 방영되었다. 〈불가능은 없다〉, 〈적극적 사고방식〉 등
을 썼다.

성공할 수 있을까?

내가? 특별한 기술도 지식도 없는 내가?

'나는 안 될 거야'라고

생각하고 있는 것은 아닌지요?

아닙니다. 그런 생각이 그렇게 만들 뿐입니다.

당신은

이 세상 누구보다도 당신답고

이 세상 누구보다도 유일하며

이 세상 누구보다도 특별합니다.

그걸 깨닫고 나답게 가보는 겁니다.

26

헨리 데이비드 소로

" 자신이 꿈꾸는 방향으로
자신 있게 나아가고,
자신이 상상한 삶을
살아가려고 노력한다면
예상치 못한 성공을
마주할 수 있을 것이다. "

*If one advances confidently in the
direction of his dreams,
and endeavors to live the life which he
has imagined, he will meet with a success
unexpected in common hours.*

헨리 데이비드 소로 Henry David Thoreau (1817~1862)
미국의 철학자이자 작가. 시민 불복종으로 이어진 마하트마 간디의 인도
독립운동과 마틴 루터 킹 목사의 시민권 운동 등에 사상적 영향을 주었
다. 〈월든〉, 〈산책〉 등을 썼다.

성공 방정식

1. 목표를 세웁니다.
2. 될 때까지 즐겁게 노력합니다.
3. 어느 날 문득 성공이라는 선물을 받습니다.
4. 그 선물을 남과 나눕니다.

27

미켈란젤로

"가장 위험한 일은
목표를 너무 높게 세워서
달성하지 못하는 것이 아니라

목표를 너무 낮게 잡아
간단하게 도달해버리는 것이다.**"**

*The greatest danger for most of us
is not that our aim is too high and we miss it,
but that is too low and we reach it.*

미켈란젤로 Michelangelo Buonarroti (1475~1564)
이탈리아의 예술가. 르네상스를 대표하는 거장 중 한 명이다. 〈피에타〉,
〈다비드〉 등의 조각 작품, 〈천지창조〉, 〈최후의 심판〉과 같은 회화 작품
을 남겼다.

목표를 크게 잡아야 할지,
이룰 수 있을 만큼만 잡아야 할지
고민이 됩니다.
처음부터 큰 목표를 잡으면
부담스럽기 마련입니다.

그럴 땐 이 방법을 참고해보세요.
우선 목표를 크게 설정합니다.
그리고 그 큰 목표를 이루기 위한
현실적인 목표를 잡습니다.
작은 목표를 하나씩 이루며
성취감을 느끼다 보면 흥미가 생기고,
돌아보면 어느덧 처음 설정한 큰 목표에
도달해 있을 것입니다.

28

석
가
모
니

❝ 모든 것은 오로지
　　　마음먹기에 달려 있다.**❞**

一切唯心造

석가모니 (B.C. 563~B.C. 483)
고대 인도, 불교 교조. 본명은 고타마 싯다르타. 왕자의 신분이었지만 출
가하여 수행을 통해 깨달음을 얻었다.

모든 것의 시작은 마음입니다.
마음이 모든 것을 만들어내기 때문입니다.
같은 사물도 어떤 마음을 먹느냐에 따라
달리 보이게 됩니다.

위기를 기회로 볼 수도 있고,
위기를 좌절로 볼 수도 있습니다.
어떤 마음을 선택하느냐에 따라
다른 세상을 만들 수 있습니다.

어니 젤린스키

**"하나의 훌륭한 아이디어가
당신의 삶을 드라마틱하게
바꿀 수 있다.**

**찾아보아라.
어딘가에 있을 것이다!"**

*Just one great idea can change your life
dramatically.
Look for it. It's there somewhere!*

어니 젤린스키 Ernie J. Zelinski (1949~)
캐나다의 작가. 현대인들의 창조적 삶을 위한 다양한 방법과 인생설계에
관한 컨설팅과 강의를 한다. 〈게으르게 사는 즐거움〉, 〈느리게 사는 즐거
움〉 등을 썼다.

내 삶을 극적으로 바꾸는
가장 간단한 방법이 있습니다.
생각을 바꾸면 됩니다.
현재 불행하다고 생각한다면,
지금 내가 가지고 있는 것부터
감사히 여겨보는 겁니다.

두 눈이 있어서 감사합니다.
두 다리가 있었군요! 감사합니다.
직장이 있어서 돈을 법니다. 감사합니다.
갑작스럽게 행복해지게 될 겁니다.

30

장
폴
사
르
트
르

❝ 행동해야 현실이 된다. ❞

There is no reality except in action.

장 폴 사르트르 Jean Paul Sartre (1905-1980)
프랑스의 작가이자 사상가, 실존주의 철학자. 철학교사 시절 발표한 일기체 소설 〈구토〉로 명성을 얻었다. 1964년 〈말〉을 출판한 후 노벨문학상 수상자로 올랐으나 수상을 거부했다. 〈존재와 무〉, 〈자유의 길〉 등을 썼고, 프랑스 일간지 〈리베라시옹〉 창간을 주도했다.

꿈을 그리는 것만으로
꿈이 이루어지기도 합니다.
그러나 시간이 오래 걸립니다.
결정적인 한 방이 있어야 단축할 수 있습니다.

바로 실천입니다.

디
팩
초
프
라

" 성공에 집중하면
스트레스가 쌓인다.

하지만 재능을 추구한다면
성공이 따라올 것이다. "

If you focus on success, you'll have stress.
But if you pursue excellence, success will
be guaranteed.

디팩 초프라 Deepak Chopra (1946~)
인도계 미국인 작가이자 의사. 고대 인도 전통의학인 아유르베다와 현대
의학을 접목해 '심신의학(Mind-body Medicine)'이라는 새로운 분야
를 창안했다. 〈마음의 기적〉, 〈바라는 대로 이루어진다〉 등을 썼다.

성공하길 원해서 목표를 잡고 노력을 하지만
거기에 스트레스 받아서는 안 됩니다.
성공으로 가는 과정 자체가 즐거워야 합니다.

법률가가 되기 위해 법을 공부하는 것 자체가
재미있어야 합니다.
그래야 법률가가 돼서 행복해질 수 있습니다.
그 과정이 힘들면 목표가 진정한 나의 꿈이
아닐 수도 있습니다.
그때는 목표를 재정립해야 합니다.

32

카일 메이너드

" 누구나 자신의 꿈을
이룰 수 있다고 믿는다.

나는 이런 신념을 갖고
항상 이런 태도로 살아왔다."

*I've always believed that anyone can
achieve their dreams, regardless.
I've always had this attitude about no
excuses.*

카일 메이너드 Kyle Maynard (1986~)
미국의 레슬링선수. 선천성 사지절단증이라 불리는 희귀한 병을 갖고
태어났다. 2004년 장애인 최고 선수에게 주는 에스피상을 수상했고,
스포츠 인도주의자 명예의 전당에서 대통령상을 수상했다.

누구나 성공할 수 있습니다.
'나는 몸이 아파,
나는 머리가 안 좋아,
나는 배경이 없어'라는 변명을 하지 않는
태도를 유지한다면
누구나 성공할 수 있습니다.

33

존
업
다
이
크

" 꿈은 이루어진다.

**그럴 가능성이 없다면
자연이 우리를 부추기지도
않았을 것이다. "**

*Dreams come true;
without that possibility,
nature would not incite us to have them.*

존 업다이크 John Hoyer Updike (1932~2009)
미국의 소설가. 장편소설과 단편집, 시집, 평론집과 희곡, 에세이 등을 포
함해 60여 개의 작품을 저술했다. 오늘날 현존하는 영미문학 최고의 작
가로 평가받는다. 〈테러리스트〉, 〈내 얼굴을 찾아라〉 등의 작품을 썼다.

아무것도 가진 것이 없을 때,
우리가 할 수 있는 유일한 일은 꿈꾸는 일입니다.
꿈을 꾸는 데는 돈도 들지 않고,
노력도 필요하지 않습니다.

다만, 약간의 시간만 들이면 됩니다.
이 약간의 시간이 결국 우리의 삶을
변화시키게 됩니다.
아무것도 가진 것이 없을 때라면
더더욱 꿈이라도 꿔야 하지 않을까요?

34

나
폴
리
언

힐

**❝ 강하고 뿌리 깊은 욕망은
모든 성취의 출발점이다. ❞**

*Strong, deeply rooted desire is the
starting point of all achievement.*

나폴리언 힐 Napoleon hill (1883~1970)
미국의 기자이자 작가. 학비를 마련하기 위해 신문사 및 잡지사에 글을
기고하다 〈밥 테일러's 매거진〉에 기자로 취직했다. 앤드루 카네기를
만나면서 인생의 전환점을 맞았다. 성공한 기업인들을 인터뷰하고 그것
을 바탕으로 〈성공의 법칙〉을 출판해 이름을 날렸다. 〈나의 꿈 나의 인
생〉, 〈생각하라 그러면 부자가 되리라〉 등을 썼다.

아이는 원하는 풍선을 손에 넣었을 때 웃고,
갖지 못했을 때 웁니다.
즉, 원하는 것이 있으면 가져야 행복해집니다.
물론 다 가질 수는 없지만,
그래도 몇 가지는 가져야 행복하지 않을까요?
이 정도 욕심은 내도 되는 겁니다.
해보지도 않고 합리화하지 마세요.

죽기 직전 제일 많이 후회하는 것이
'한번 해볼 걸'이라고 합니다.

35

윌리엄 제임스

❝삶을 두려워하지 마라.
삶은 살 가치가 있다고 믿어라.

당신의 믿음이 그 사실을
실현하는 데 도움을 줄 것이다.❞

Be not afraid of life.
Believe that life is worth living,
and your belief will help create the fact.

윌리엄 제임스 William James (1842~1910)
미국의 심리학자이자 철학자. 유복한 가정에서 태어나 좋은 교육을 받고
평생 공부하고 연구하는 삶을 살았다. 〈하버드 철학 수업〉, 〈인생은 살아
야 할 가치가 있는가〉 등을 썼다.

미물도 태어난 이유가 있다고 합니다.
지렁이는 땅속을 다니며 땅에 산소를 공급해줍니다.
사람인 우리에게도 사명이 주어집니다.
지렁이보다 좀 더 똑똑한 사람이기에
신은 우리에게
직접 사명을 찾는 수고로움을 주었다고 합니다.

자신의 사명이 뭔지 찾아내고, 그 사명대로 산다면,
바로 그게 성공입니다.

36

제
임
스
·
앨
런

**" 성취한 모든 것과
성취하지 못한 모든 것은
생각이 빚어낸 직접적인 결과다. "**

*All that a man achieves and
all that he fails to achieve is
the direct result of his own thoughts.*

제임스 앨런 James Allen (1864~1912)
영국의 작가. 톨스토이의 가르침에 따라 자발적 빈곤, 검소한 삶을 추구
했다. 〈생각에 대하여〉를 출판해 영적 사고의 선구자라는 명성을 얻었
다. 〈운명을 지배하는 힘〉, 〈부에 이르는 길〉 등을 썼다.

성공의 씨앗은 생각입니다.
성공은 자신의 생각에서 시작됩니다.

성공의 씨앗을 심고 정성스레 돌보면
성공은 활짝 꽃피우게 됩니다.

크
리
스
토
퍼
리
브

" 우리의 꿈은
처음에는 불가능해 보이고,
실현되지 않을 것 같이 보이지만,
의지를 불태우면
곧 이룰 수 있게 된다.**"**

*So many of our dreams at first seem
impossible, then they seem improbable,
and then, when we summon the will,
they soon became inevitable.*

크리스토퍼 리브 Christopher Reeve (1952~2004)
미국의 영화배우이자 감독, 작가. 1978년 영화 〈슈퍼맨〉의 주인공. 1995년
5월 27일, 승마 경기 도중 말에서 떨어져 전신이 마비됐지만 꾸준한 재활로
회복세를 보였다. 재활 이후 작가와 배우로 재기했다.

누구에게나 모든 꿈은
잡히지 않을 것처럼 멀리 있습니다.
하지만 제아무리 멀어도
도착할 때까지 걸으면 잡을 수 있습니다.

꿈을 이룬 사람들의 공통점은 끝까지 한 것이고,
꿈을 이루지 못한 사람들의 공통점은
도중에 포기한 것입니다.

38

마
이
클
펠
프
스

**" '할 수 없다'라는 말은
당신이 할 수 있거나 앞으로 할 일을
제한하는 것이다. "**

*If you say can't you're restricting what
you can do or ever will do.*

마이클 펠프스 Michael Fred Phelps II (1985~)
미국의 수영선수. 올림픽 전 종목에서 단일 올림픽대회 4관왕 이상을
4개 대회 연속 달성했다.

누구나 성공할 수 있는데,
'나는 성공하지 못할 거야' 하고 겁을 먹는다면
이 얼마나 비참한 일인가요?

상상하는 것조차
스스로 제한한다면
그 얼마나 비참한 일인가요?

노먼 빈센트 필

"할 수 있다고 마음먹으면
놀라운 일이 일어난다.

자기 자신을 믿는 것이
성공의 첫 번째 비결이다.**"**

*People become really quite remarkable
when they start thinking that they can do
things.
When they believe in themselves they
have the first secret of success.*

노먼 빈센트 필 Norman Vincent Peale (1898~1993)
미국의 목사이자 작가. 60년간 목사로 사역하면서 '긍정적인 사고'의
중요성에 대해 라디오와 TV를 통해 설파해 명성을 얻었다. 〈꿈꾼 대로
된다〉, 〈생각대로 된다〉 등을 썼다.

'나는 나를 믿습니다'라는 말을
들어본 적이 있나요?
자신을 믿기 시작하면
그때부터 성공의 힘이 발동합니다.

자신을 믿지 못하면
남들도 나를 믿어주지 않을 겁니다.
본인 스스로도 믿지 못하는 사람을
아무도 믿어주지 않을 것입니다.

40

마
하
트
마

간
디

**❝ 인간은 생각의 결과물이다.
생각하는 대로 이루어진다. ❞**

*A man is but the product of his thoughts.
What he thinks, he becomes.*

마하트마 간디 Mahatma Gandhi (Mohandas Karamchand Gandhi, 1869~1948)
인도의 정치가이자 변호사. 남아프리카에서 변호 활동을 하다가 인종차별에 반대하는 운동을 하며 명성을 얻었다. 이후 인도로 돌아와 민족 해방운동을 이끌었다. 그의 독립운동은 비폭력 저항운동으로 유명하다. 〈간디 자서전〉, 〈날마다 한 생각〉 등을 썼다.

앞으로 5년 후가 궁금하다면
오늘 내가 무엇을 하고 있는지 점검해보십시오.
오늘 하는 일들이 쌓이고 쌓여
미래에 그대로 반영됩니다.

마찬가지로 우리가 매일 하는 생각들이 쌓여
결국 우리 자신의 모습을 생각대로 그려내게 됩니다.

41

조
비
테
일

**"지금 무엇에 감사한가?
감사는 당신의 에너지를 바꾸고,
당신에게 떨림을 주고,**

**이후의 모든 순간들을
더 좋아지게 만든다."**

*What are you grateful for right now?
Gratitude can shift your energy, raise
your vibration, and make all your next
moments even better.*

조 비테일 Joe Vitale (1953~)
미국의 마케팅 전문가이자 베스트셀러 작가. 영화 〈시크릿〉에도 출연
했다. 〈머니 시크릿〉, 〈돈을 유혹하라〉 등을 썼다.

긍정적 태도와 낙관적 자세보다
더 강력한 것이 있다고 합니다.
바로 '감사'입니다.

과거의 실패에서 배운 것에 대한 감사,
현재 내게 주어진 것에 대한 감사,
앞으로 받을 것에 대한 감사가 모이면
강력한 힘이 될 수 있습니다.

42

김
구

> **"** 나 김구의 소원은
> 이것 하나밖에는 없다. **"**

김구 (1876 ~ 1949)
독립운동가. 호는 백범. 3.1운동 직후 중국으로 넘어가 임시정부에서
중추적인 역할을 했다. 독립운동을 하다 광복 이후 귀국해서 정치활동
을 했다. 〈백범일지〉를 썼다.

인생에 한 번쯤은
목숨을 걸 만한 꿈이 있으면 좋겠습니다.

김구 선생님이 꿈꾸던
독립국의 꿈이 이루어졌습니다.
꿈이 절실하면
어떻게 해서든 이루어집니다.

맥스웰 몰츠

**" 새로운 아이디어나
문제에 대한 해답을 찾을 때,
답이 이미 어딘가에 존재한다는
가정하에 찾기 시작해야 한다. "**

*When we set out to find a new idea, or
the answer to a problem, we must assume
that the answer exist already-somewhere,
and set out to find it.*

맥스웰 몰츠 Maxwell Maltz (1899-1975)
독일계 미국인. 외과의사 겸 작가. 1960년에 〈사이코 사이버네틱스〉를
써서 성공학의 원리를 과학의 영역으로 발전시킨 인물로 평가받는다. 인
간의 뇌는 목표를 정해주면 그것을 향해 자동으로 유도해 나간다는 개념
이다. 이 책은 전 세계에서 3천만 부가 팔린 베스트셀러다.

'답이 있을까? 있기는 한 걸까?'
이렇듯 의구심이 생기면
시작하기도 전에 힘이 듭니다.

이렇게 생각해보는 건 어떨까요?
'답은 분명히 있다. 찾기만 하면 된다.
아직까지 찾지 못한 것뿐이지, 분명히 답은 있다.
나는 답을 찾기 위해 최선의 노력을 다할 것이다.
찾을 때까지 도전할 것이다.'

44

데
니
스
웨
이
틀
리

**" 사람들이 목표를 이루지 못하는 것은
목표를 설정하지 않았거나,
이룰 수 있다고 스스로 심각하게
생각하지 않기 때문이다."**

*The reason most people never reach
their goals is that they don't define them,
or ever seriously consider them as
believable or achievable.*

데니스 웨이틀리 Denis Waitley (1933~)
미국의 작가. 세계적인 경영 컨설턴트이자 리더십 트레이너다. 미 해
군 수송기 조종사라는 특이한 이력을 가지고 있으며, 기업, 정부, 민간
단체를 대상으로 동기부여, 목표설정, 사기진작 등에 관한 프로그램을
30년 이상 진행한 행동과학 분야의 전문가다. 〈승자의 심리학〉, 〈성공
의 10대 원리〉 등을 썼다.

무조건 열심히 산다고
인생이 180도 달라지지는 않습니다.
목표를 정하고 방향을 조준해야
인생이 바뀝니다.

자신의 삶을 변화시키고 싶다면
목표를 정한 뒤
'열심히'가 아니라 '꾸준히' 노력하면 됩니다.

45

안
창
호

" 우리가 세운 목적이
옳지 않은 것이라면
언제든지 실패할 것이요,

우리가 세운 목적이
옳은 것이라면
언제든지 성공할 것이다."

안창호 (1878~1938)
독립운동가. 호는 도산. 독립협회에 가입해 만민공동회를 개최하고 연
설했다. 신민회를 결성하고 평양에 대성학교를 설립했으며, 미국에서
흥사단을 조직해 독립운동에 힘썼다.

나만을 위한 성공은
반드시 후회로 다가옵니다.

남과 더불어 잘 살 수 있는 성공을
꿈꿔야 합니다.
남에게 해가 되는 나만의 성공은
성공이 아닙니다.
성공은 결국 남에게 도움이 되는 일을
하는 것입니다.
나만 잘 살기 위한 것이 아닙니다.

월리스 와틀스

**" 당신이 원하는 일을 하면
가장 만족스럽게 부자가 될 것이다."**

*You will get rich most satisfactorily
if you do that which you WANT to do.*

월리스 와틀스 Wallace D. Wattles (1860~1911)
미국의 작가. 정식 교육을 받지 못하고 가난하게 살다 말년에 〈부의 비밀〉을 쓰며 성공했다. 나폴리언 힐, 클린턴 전 대통령 등은 모두 월리스 와틀스의 '부의 비밀'을 실천했다. 헤겔과 랠프 월도 에머슨 연구에 몰두해 〈위대함의 과학〉, 〈행복의 과학〉 등을 썼다.

잘하는 일을 하면 가장 쉽게 성공하겠지만,
원하는 일을 하면 만족스럽게 성공할 것입니다.

내가 무엇을 원하는지 모르겠거든 이렇게 해보세요.
어떤 일을 했을 때 행복한가, 그리고 뿌듯한가?
이 두 가지에 해당하는 것이 원하는 일일 수 있습니다.

3장 다시 뛰게 하는 한마디

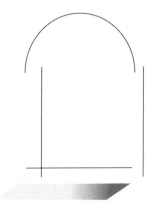

47

새
뮤
얼

스
마
일
스

"우리는 성공보다
실패에서 많은 지혜를 얻는다.**"**

We learn wisdom from failure
much more than from success.

새뮤얼 스마일스 Samuel Smiles (1812~1904)
영국의 작가. 의회 개혁과 정치 개혁에 힘썼다. 단순한 정치 개혁만으로
는 힘들다고 판단해 개인 개혁의 중요성을 강조하면서 자조의 정신을 설
파했다. 〈자조론〉, 〈인격론〉 등을 썼다.

가장 두려운 것은 실패해보지 못한 인생입니다.
승승장구만 해봤기에 처음 실패하면
큰 좌절을 느낄 수 있습니다.

실패는 성공의 어머니라는 말이 있듯이
실패를 통해 성공의 지혜를 배우게 됩니다.
실패는 성공으로 가는 과정일 뿐입니다.
종착지가 아닙니다.

❝나는 내 한계에 대해
거의 생각하지 않는다.

그것이 나를 슬프게 하지도 않는다.**❞**

*I seldom think about my limitations,
and they never make me sad.*

헬렌 켈러 Helen Keller (1880~1968)
미국의 사회운동가. 생후 19개월째에 열병을 앓아 시청각장애가 생겼
다. 장애인, 여성, 노동자를 위한 운동을 했다. 〈3일만 볼 수 있다면〉 등
을 썼다.

설마
'내 처지가 이러니까,
우리 집 형편 때문에,
머리가 안 좋으니까,
몸이 불편하니까,
이렇게 컸으니까'라고
한계를 정해놓은 건 아닌가요?

핑계가 우리를 끝까지 책임져주지는 않습니다.

49

스티븐 커비

**"가장 큰 위험은
위험 없는 삶이다."**

*The greatest risk is the risk of riskless
living.*

스티븐 커비 Stephen Covey (1932~2012)
미국의 기업인이자 컨설턴트. 하버드대학교에서 경영학 석사, 브리검
영대학교에서 박사 학위를 받았다. 〈타임〉이 선정한 미국에서 가장 영
향력 있는 25명 중 하나다. 〈성공하는 사람들의 7가지 습관〉, 〈소중한
것을 먼저 하라〉 등을 썼다.

가장 안전하다고 생각되는 이불 속으로
들어가보세요.

하지만 오래 있으면 다리의 근육은 말라버리고,
배는 불룩해지며, 건강이 안 좋아질 것입니다.
결국 무덤이 됩니다.

루
트
비
히

판

베
토
벤

" 나는 운명의 멱살을 잡고 싶다. **"**

I will seize fate by the throat.

루트비히 판 베토벤 Ludwig van Beethoven (1770~1827)
독일의 작곡가. 청각장애가 있었으나 이를 극복하고 위대한 음악가가
되었다. '괴팍한 천재'로 불리기도 했다. 〈비창〉, 〈운명〉 등의 교향곡과
협주곡 등을 작곡했다.

운명은 내가 만들어가는 겁니다.

운명에 순응하면 딱 그 정도밖에 되지 않습니다.

운명을 만들겠다고 결심하는 순간

운명은 내가 만들 수 있게 됩니다.

우리는 선택할 수 있습니다.

운명에 따를 것인가, 만들어나갈 것인가,

자신의 선택에 따라 운명은 결정됩니다.

운명을 따를 운명인지,

운명을 만들어나갈 운명인지

시험해보시죠.

51

톰
피
터
스

" 훌륭한 실패는 보상하고,
　　평범한 성공은 벌하라. **"**

Reward excellent failures.
Punish mediocre successes.

톰 피터스 Thomas J. Peters (1942~)
미국의 작가이자 컨설턴트. 피터 드러커와 더불어 현대적 경영기법의
창시자로 꼽힌다. 20세기 3대 경영서 중 하나로 선정된 〈초우량 기업
의 조건〉을 통해 기업경영에 대한 혜안과 통찰력을 제시했다. 〈리틀 빅
씽〉, 〈미래를 경영하라〉 등을 썼다.

실패를 당연한 것으로 여겨보면 어떨까요?
실패가 성공의 반대라고 생각하지 않는 겁니다.
실패는 성공의 반대가 아니라
성공으로 가는 과정이라고 생각해보는 겁니다.

계속 실패하다 보면,
성공하게 될 겁니다.

마
리
퀴
리

**❝ 인생에서 두려워할 것은
아무것도 없다.
그냥 이해하면 된다. ❞**

*Nothing in life is to be feared. It is only
to be understood.*

마리 퀴리 Marie Curie (1867~1934)
폴란드 출신 과학자. 프랑스 과학자 남편과 함께 방사능을 연구해 1903년
노벨물리학상을 받았다. 마리 퀴리는 라듐 원소 분리에 성공해 노벨화학
상도 수상했다.

고난과 역경을 그냥 하나의 현상이라고
생각해보세요.
그리고 감정을 넣지 않는 겁니다.

'고난이 왔구나, 그래 좀 있다가 가거라.'
'역경 너 왔구나, 그래 오래 있지는 말고 가거라.'
이런 식으로 대해보는 건 어떨까요?

53

스와미 비베카난다

❝ '운명'을 말하는 사람은
겁쟁이거나 바보다.
강한 사람은 이렇게 말한다.
"내 운명은 내가 만들겠다."

운명을 핑계 삼는 것은
비겁하다.
도전하는 사람은
정해진 운명을 믿지 않는다.**❞**

It is the coward and the fool who says,
But it is the strong man who stands up and
says, I will make my own fate.
It is people who are getting old who talk of
fate. Young men generally do not come to
astrology.

스와미 비베카난다 Swami Vivekananda (1863~1902)
인도의 힌두교 지도자. 성자 라마크리슈나를 스승으로 삼았다. 힌두교를
세계에 알리는 일에 매진했다. 〈마음의 요가〉, 〈당신은 그것이다〉 등을
썼다.

운명을 따르는 숙명론자가
나쁘다는 얘기가 아닙니다.
다만 숙명론자는 현실을 그대로 받아들이기에
더 나은 삶에 대한 동력이 생기지 않습니다.
그저 받아들일 뿐입니다.

반면 성공론자는 받아들이지 않습니다.
딛고 일어서려고 합니다.
변화를 모색하고, 발전을 탐색합니다.
그런 과정을 통해 성공의 길로 들어서게 됩니다.

54

찰
리
채
플
린

" 불가능과 싸워라.
역사상 위대한 업적은
불가능하다고 여겼던 것을
정복한 것임을 기억하라. "

Let us strive for the impossible.
The great achievements throughout history
have been the conquest of what seemed
the impossible.

찰리 채플린 Charlie Chaplin (1889~1977)
영국의 영화배우이자 영화감독. 어린 시절 불우한 환경을 겪고, 10세 때
극단에 들어갔다. 작품 속에서 콧수염, 모닝코트, 지팡이 등을 이용한 분
장과 연기로 대중의 엄청난 인기를 얻었다. 영화 〈모던 타임스〉, 〈키드〉
등의 감독, 주연을 맡았다.

실현 가능한 일들에 대한
현실적인 도전과 성공은 당연할지도 모릅니다.
여기에 보태서
이루지 못할 꿈 하나 정도 갖고 살아가는 건
어떨까요?

충분한 현실주의자이면서
화려한 이상주의자가 되어보는 겁니다.

55

웨
인
다
이
어

**"밖에서 일어나는 일을
항상 통제할 수는 없다.**

**하지만 내 안에서 일어나는 일들은
항상 통제할 수 있다."**

*You cannot always control what goes on
outside.
But you can always control what goes on
inside.*

웨인 다이어 Wayne Walter Dyer (1940~2015)
미국의 작가이자 심리학자. 어린 시절 고아로 자랐다. 세계적인 베스트
셀러 작가와 심리학자로 성공했다. 〈행복한 이기주의자〉, 〈치우치지 않
는 삶〉 등을 썼다.

외부 상황은 내 맘대로 할 수 없습니다.

내 힘으로 어찌할 수 없는 것에

힘을 쏟아부을 필요는 없습니다.

내가 할 수 없는 일을 걱정할 필요도 없습니다.

저만치 내버려두세요.

그러고 나서 할 수 있는 일을 찾아보세요.

오늘 할 수 있는 일만 해보세요.

내일 할 수 있는 일은 내일 하면 됩니다.

힘들 것만 같았던 상황이

서서히 좋아지게 될 겁니다.

56

잭 캔필드

" 당신의 감정은
당신의 내적 안내 시스템의 일부이다.

기쁨과 뿌듯함을 느낀다면,
그것은 당신이
제대로 하고 있다는 것을 의미한다. "

*Your feelings are part of your internal
guidance system.
When you are feeling joy and a sense of
expansion, it simply means you are on
course.*

잭 캔필드 Jack Canfield (1944~)
미국의 작가이자 강연자. 미국 최고의 성공 코치로 알려져 있다. 〈성공의
원리〉와 〈영혼을 위한 닭고기 수프〉, 〈마음을 열어주는 101가지 이야기〉
등을 썼다.

내 꿈이 제대로 된 건지 알고 싶다면
나의 기분을 알아차려 보세요.
기쁜지, 뿌듯한지, 행복한지…
이런 기분이 들면 맞는 겁니다.
조금이라도 찜찜하다면
꿈을 재정립해야 합니다.

57

페
터
비
에
리

" 원하는 나의 모습과
내가 너무 달라서
갈등을 겪고 있다면,
나의 이상뿐만 아니라
나의 경험과 욕망을 충족시킬
근본적인 해결책을 찾아야 한다. "

If we experience a stubborn conflict
because we are so completely
different from what we would like to be,
then it is a matter of tracing the sources
from which both the self-image
and the stubborn experience and desire
are nourished.

페터 비에리 Peter Bieri (1944~)
스위스의 작가이자 철학자. 문학에도 뛰어나서 '파스칼 메르시어'라는
필명으로 활동했다. 장편소설 〈페를만의 침묵〉, 〈피아노 조율사〉, 〈레
아〉 등을, 페터 비에리의 본명으로 철학서 〈자유의 기술〉, 〈교양수업〉
등을 썼다.

나의 꿈을 만나면 확신이 듭니다.

진정으로 내가 바라는 것을 알게 되면

온몸에 전율이 흐르게 됩니다.

이런 경험을 해보고 싶다면

자신에 대해 철저하게 연구해야 합니다.

나란 사람이 누구인지 그게 먼저여야 합니다.

꿈을 찾는 가장 좋은 방법은

직접 모든 것을 경험하면 됩니다.

모든 것을 다 경험할 수 없다면

책을 통해 간접경험을 늘려보세요.

58

에
릭

호
퍼

" 절망과 고통은 고정적인 요소다.
상승의 동력은
희망과 자부심으로부터 나온다.
고통 때문이 아니라
더 나은 것을 향한 갈망이
사람들로 하여금 도전하게 한다."

Despair and misery are static factors.
The dynamism of an uprising flows
from hope and pride.
Not actual suffering but the hope of
better things incites people to revolt.

에릭 호퍼 Eric Hoffer (1902~1983)
미국의 철학자이자 사회학자, 작가. 어렸을 때 사고로 시력을 잃었다가
15세에 기적적으로 시력을 회복했다. 이때부터 독서에 탐닉해 부두 노
동자로 살며 길 위의 철학자라는 이름으로 알려졌다. 〈맹신자들〉, 〈우
리 시대를 살아가며〉 등을 썼다.

불행한 현실 속에서
우리는 무엇을 할 수 있을까요?
현실 탓을 하면서 주저앉아 있기만 한다면
할 수 있는 것은 아무것도 없습니다.
그냥 그 상태가 지속될 뿐
달라지는 것은 없습니다.

대신 희망을 가지고
한 발짝 앞으로 내디뎌봅시다.
단 한 발짝입니다.
그것으로 충분합니다.
일단 한 발짝만!

59

앤드루 매슈스

" 당신에게 닥친 모든 문제가
당신을 강하게 만드는
가르침이라고 여겨라.
그러면 피해의식이 들지 않을 것이다.**"**

Assume that every problem in your life is
a lesson to make you stronger.
Then you never feel like a victim.

앤드루 매슈스 Andrew Matthews (1957~)
오스트레일리아의 작가. 세계적으로 유명한 동기부여 전문 강연자다.
호주 남부에서 농부의 아들로 태어나 25세에 미국으로 건너가 작가가
되었다. 〈지금 행복하라〉, 〈즐겨야 이긴다〉 등을 썼다.

문제를 문제로만 보면 실패자가 되고 맙니다.
문제를 긍정적으로 생각해서
나를 더 단단히 만들어줄 수단으로 생각하는 순간,
문제를 대하는 태도가 달라질 것입니다.

같은 것이라도 생각하기에 따라 달라집니다.

60

빅터 프랭클

" 가장 큰 자유는
우리의 태도를 선택할 수 있는
자유다. "

Our greatest freedom is the freedom to
choose our attitude.

빅터 프랭클 Viktor Frankl (1905~1997)
오스트리아의 교수이자 의사, 심리치료사. 제2차 세계대전 당시 아우슈
비츠 수용소에서 3년을 보냈다. 〈죽음의 수용소에서〉, 〈삶의 의미를 찾
아서〉 등을 썼다.

궂은 날씨를 우리가 바꿀 수는 없습니다.
날씨를 탓하며 불평해도 상황은 변하지 않습니다.
그 상황을 변화시키려면
자신의 생각을 바꿔야 합니다.

'언제까지 날씨가 이렇게 나쁘지만은 않을 거야.
곧 좋은 날이 올 거야.
그때까지 내가 할 수 있는 일을 하면서
차분히 기다리자.'

할 수 있다고 생각하는 태도가
결국 해내게 만듭니다.
할 수 없다고 생각하면,
해낼 확률도 그만큼 떨어집니다.

61

닉
부
이
치
치

**"나는 실패하면 다시 시도하고,
또 시도하고, 또다시 시도한다."**

If I fail, I try again, and again, and again.

닉 부이치치 Nick Vujicic (1982~)
오스트레일리아의 작가이자 목사. 유전질환인 테트라 아멜리아 증후군
으로 짤막한 왼쪽 발을 제외하고 양쪽 팔과 오른쪽 다리가 없이 태어났
다. 전 세계를 돌아다니며 용기를 주는 강연을 하며 책을 쓴다. 〈닉 부
이치치의 플라잉〉, 〈닉 부이치치의 허그〉 등을 썼다.

인디언의 기우제는 100% 성공한다고 합니다.

이유는 간단합니다.

비가 올 때까지 기우제를 지내니까요.

우리도 100% 성공할 수 있습니다.

이유는 간단합니다.

성공할 때까지 시도하면 되니까요.

해
리
엇
비
처
스
토

" 궁지에 몰렸을 때,
단 1분도 더 버틸 수 없을 정도로
모든 것이 나에게 불리할 때,

절대 포기하지 마라.
바로 그때 그 지점에서
상황은 바뀌기 시작하니까. "

When you get into a tight place and
everything goes against you until it seems
that you cannot hold on for a minute longer,
never give up then, for that is just the place
and time when the tide will turn.

해리엇 비처 스토 Harriet Beecher Stowe (1811~1896)
미국의 노예해방론자이며 사실주의 작가다. 〈톰 아저씨의 오두막〉은 노
예제도에 반대하는 소설이다. 〈올드 타운의 사랑〉, 〈목사의 구애〉 등을
썼다.

우리가 지금까지 성공하지 못한 이유는
간단합니다.
매번 포기했기 때문입니다.

그럼 이제부터 다른 것을 포기해보자고요.
포기하는 것을 포기해보는 건 어떨까요?

63

알렉산드르 푸시킨

" 삶이 그대를 속일지라도
슬퍼하거나 노하지 말라.
우울한 날들을 견디면
즐거운 날이 오리니 "

Should this life sometime deceive you,
Don't be sad or mad at it!
On a gloomy day, submit;
Trust – fair day will come, why grieve you?

알렉산드르 푸시킨 Aleksandr Pushkin (1799~1837)
러시아의 작가. 낭만주의 시대에 러시아 근대문학의 기초를 닦았다. 러시아의 현실을 그대로 그려냈다는 평을 받았다. 소설 〈대위의 딸〉, 〈예브게니 오네긴〉 등을 썼다.

살다 보면 좋은 날도 있고
나쁜 날도 있기 마련입니다.
좋은 날은 좋은 날이라서 좋고,
나쁜 날은 나쁜 날이라서 좋은 것입니다.
좋은 것은 좋아하면 되는 것이고,
나쁜 날이라고 해서
좋아하지 말라는 법도 없습니다.

모든 상황은
받아들이는 내가 결정할 수 있습니다.
지금의 나쁜 상황이
시간이 지나면 좋은 상황이 되는 경우가
참 많기 때문입니다.

64

이
순
신

❝ 신에게는 아직도
　열두 척의 배가 있습니다.**❞**

今臣戰船 尙有十二

이순신 (1545~1598)
조선 중기 장군이다. 전라도 수군절도사와 삼도수군통제사로 임명되었
고, 두 차례에 걸쳐 백의종군했다. 임진왜란과 정유재란에서 활약하며 한
산도대첩, 명량대첩, 노량해전 등을 승리로 이끌었다. 그중 한산도대첩은
세계 4대 해전 중 하나로 꼽힌다. 〈난중일기〉를 썼다.

최악의 전쟁 상황에서도
성웅 이순신은 끝까지 희망을 놓지 않았습니다.
포기하지 않고 끝까지 버텨냈기에
우리나라와 민족을 구할 수 있었습니다.

아무리 망해서 주저앉아도
딛고 일어설 수 있습니다.

로버트 콜리어

" 당신에게 어려움이 닥치더라도
기꺼이 받아들여라.

그러면 어려운 상황을
유리하게 바꿀 수 있으며,
악이 아닌 선으로
빠르게 이동할 수 있게 된다. "

Bless even the difficulties you meet, for by blessing them, you can change them from discordant conditions to favorable ones, you can speed up their rate of activity to where they will bring you good instead of evil.

로버트 콜리어 Robert Collier (1885~1950)
미국의 저술가. 목사가 되기 위해 신학교를 졸업했지만 8년간 광산 기술자로 일했다. 불치병을 마음의 힘으로 이겨냈으며, 이를 계기로 베스트셀러 〈시크릿 오브 에이지〉를 출간했다. 〈성취의 법칙〉, 〈행복한 기도〉 등을 썼다.

성공은 시련의 크기에 비례한다고 합니다.
어려움에 처했을 때 비난과 책망보다는
오히려 감사하는 마음과 축복하는 마음을
가져보세요.

이렇게 생각해보는 겁니다.
'와, 내가 얼마나 더 크게 성공하려고
이런 시련이 오지?'
시련이 클수록 더 크게 성공할 수 있다고
생각해보세요.

66

베
이
브
루
스

> **"스트라이크를 당할 때마다
> 나는 다음번 홈런에
> 더 가깝게 다가간다."**

Every strike brings me close to the next home run.

베이브 루스 Babe Ruth (1895~1948)
미국 메이저리그에서 가장 인기 있던 야구선수. 본명은 조지 허먼 루스
다. 보스턴 레드삭스에서 투수, 외야수를 거쳐 뉴욕 양키스로 이적했
다. 뉴욕 양키스의 강타자로 메이저리그 최다 홈런 기록을 수립했다.

같은 실패라도 어떻게 보느냐에 따라
달라집니다.
실패만 생각하면 실패로 끝나지만,
성공을 희망하면 성공을 이룰 수 있게 됩니다.
우리는 선택할 수 있습니다.
어떤 선택을 하느냐에 따라
상황도 바꿀 수 있게 됩니다.

길
버
트
키
스
체
스
터
턴

❝ 기적이 놀라운 것은
실제로 그것이 일어난다는 점이다. **❞**

*The most incredible thing about miracles
is that they happen.*

길버트 키스 체스터턴 Gilbert Keith Chesterton
(1874~1936)
영국의 언론인이자 작가. 탐정소설 〈브라운 신부〉 시리즈로 유명하다.
역설의 대가라는 칭호를 받았으며, 다양한 분야의 저술을 남겼다. 〈노팅
힐의 나폴레옹〉, 〈목요일이었던 남자〉 등을 썼다.

귀신 얘기를 많이 하면 귀신이 나온다고 합니다.

바꾸어 말해서,
기적을 많이 이야기하면 기적이 오지 않을까요?

4장　시간을 이기는 한마디

시간

습관

끈기

지구력

루틴

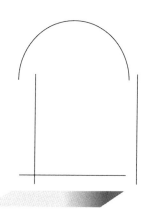

68

벤저민 프랭클린

" 시간을 허비하지 마라.

항상 쓸모있는 일을 하고,
불필요한 행동을 모두 차단하라.**"**

Lose no time;
be always employ'd in something useful;
cut off all unnecessary actions.

벤저민 프랭클린 Benjamin Franklin (1706~1790)
미국의 정치인이자 발명가. 미국 100달러 화폐의 주인공이다. 소방차,
피뢰침 등을 발명했고, 정치에 입문해서 미국 독립선언서 작성에 참여
했다. 시간 관리에 철저했던 인물로 잘 알려졌다. 〈프랭클린 자서전〉,
〈가난한 리처드의 달력〉 등을 썼다.

성공을 얻기 위해서는

자신이 가진 것을 내놓아야 합니다.

자신이 아끼고 애지중지하는 것을 말이죠.

그것을 내놓을 용기가 있으면 성공할 수 있습니다.

그것은 바로 '낭비하고 있는 시간'입니다.

69

토마스 아 켐피스

❝ 잃어버린 시간은 돌아오지 않으니 항상 마지막을 생각하라. ❞

*Remember always your end, and that lost
time does not return.*

토마스 아 켐피스 Thomas à Kempis (1380~1471)
독일의 수도자. 1413년 사제가 되어 오랜 세월을 수도원에서 보냈다. 아
우구스티노회 수도원의 부원장을 지냈으며, 성서의 연구에 전념했고, 성
서 다음으로 많이 읽히는 〈그리스도를 본받아〉 등을 썼다.

해야 할 일이 있는데,
TV가 재미있으니 자꾸만 보고 싶어집니다.
10분 보는 동안 나는 10분을 진 것이며,
60분을 보면 60분을 진 것입니다.

지는 시간을 조금 줄여보는 건 어떨까요?
나를 이기는 시간을 늘려보는 겁니다.

정약용

" 젊은 시절 재주만 믿고 있다가
늘어서 못난 꼴만 보이게 되리니
이를 경계해 헛되어 보내지 말자
가는 세월이 참으로 허망하구나."

英年恃才氣, 及老多鹵莽
戒之勿虛徐, 逝景眞一妄

정약용 (1762~1836)
조선 후기 실학자. 호는 다산. 정조가 사랑하는 신하였다. 18세기 실학
사상을 집대성했다. 신유사옥 때 전남 강진으로 유배를 떠나 19년 만에
풀려났다. 〈목민심서〉, 〈흠흠신서〉를 비롯해 책 500여 권을 썼다.

자신의 일천한 재주만 믿고 노력하지 않는다면
경력이 쌓이지 않습니다.
이런 사람에게 성공은 먼 이야기겠죠.

자만하지 말고 우직한 소처럼
꾸준히 노력해야 합니다.
일시적으로 잠깐 빛나고 말 것이 아니라면,
재주보다는 꾸준함을 믿어야 합니다.

71

마르쿠스 아우렐리우스

" 천년만년 살 수 있을 것처럼
행동하지 말라.

죽음이 다가온다.
살아있는 동안,
생명이 허락된 동안
잘 살아야 한다**"**

Do not act as if you were going to live
ten thousand years.
Death hangs over you.
While you live, while it is in your power,
be good.

마르쿠스 아우렐리우스 Marcus Aurelius (121~180)
로마제국 16대 황제. 전성기 5현제 시대의 마지막 황제이자 스토아학파
의 철학자. 〈명상록〉을 썼다.

미국 스탠퍼드 대학에서
자신의 몸만 생각하는 암 환자의 평균 수명은
19개월이고,
자원봉사를 하는 암 환자의 평균 수명은
37개월이었다는 연구결과를 발표했습니다.

불로초를 구해 영원히 살기를 바랐던 진시황은
50살의 나이에 세상을 떠났습니다.
남을 돕고, 봉사하고, 베푸는 데 힘을 썼더라면
더 오래 살았을지도 모릅니다.

72

조
지
라
드

> " 건강과 행복, 그리고 성공으로 가는
> 엘리베이터는 작동하지 않는다.
> 한 번에 한 걸음씩
> 계단을 이용해야 한다."

The elevator to health, happiness and
success is out of order, you have to use the
stairs, one step at a time.

조 지라드 Joe Girard (1928~2019)
미국의 작가. 기네스북에 세계 No.1 세일즈맨으로 12년 연속 선정되었
다. 〈성공하는 사람들의 99가지 화술〉, 〈최고의 하루〉 등을 썼다.

단번에 성공하는 법은 없습니다.
단계를 차곡차곡 밟아나가야 합니다.
남들이 보기엔 단번에 성공한 것처럼 보일지라도,
속으로 들어가 보면
다 차근차근, 꾸역꾸역, 착실하게
단계를 밟았음을 알 수 있습니다.

73

알베르트 슈바이처

**❝ 성공의 커다란 비결은
지치지 않고
자기 앞의 생을 살아가는 것이다.❞**

*The great secret of success is to go
through life as a man who never gets
used up.*

알베르트 슈바이처 Albert Schweitzer (1875~1965)
독일계 프랑스인 의사이자 음악가, 철학자. 1913년 아프리카에서 의료봉
사에 힘써 1952년 노벨평화상을 수상했다. 〈물과 원시림 사이에서〉, 〈문
화 철학〉 등을 썼다.

아무리 열정적인 사람도
처음부터 끝까지 열정적일 수는 없습니다.
오히려 열정이 클수록
큰 힘이 들고, 금세 꺾이고 맙니다.

열정보다는 습관을 장착하는 편이 좋습니다.
습관이 되면 매일 저절로 같은 일을 할 수 있습니다.
별로 힘도 들지 않습니다.

74

토마스 에디슨

**❝가치 있는 것을 이루어내는 데
필요한 3가지는
근면, 끈기, 그리고 상식이다.❞**

*The three great essentials to achieve
anything worth while are: hard work,
stick-to-itiveness, and common sense.*

토마스 에디슨 Thomas Edison (1847~1931)
미국의 천재 발명가이자 사업가. 초등학교에 입학했으나 석 달 만에 학교
를 그만두고 어머니가 집에서 직접 가르쳤다. 백열전구, 축음기 등 1천여
종의 발명 특허를 내 발명왕으로 불렸다.

될 때까지, 끝까지 할 수만 있으면
우리도 훌륭한 사람이 될 수 있습니다.

에디슨은 가장 괜찮은 전구의 필라멘트를
발명하기 위해 6천 번 이상 시도했습니다.
KFC 창업자인 샌더스 대령도
KFC를 론칭하기 위해 1천 명이 넘는 투자자를
찾아 나섰습니다.

75

에드워드 에글스턴

"끈기 있는 사람은
다른 사람들이 실패로 끝나는 지점에서
성공을 시작한다.**"**

Persistent people begin their success
where others end in failure.

에드워드 에글스턴 Edward Eggleston (1837~1902)
미국의 소설가. 사진을 보듯 정확하게 묘사하는 사실주의의 작가로 알려
졌다. 목사였으나 후에는 전업 작가로 〈문명의 변천〉, 〈록시〉 등을 썼다.

능력이 비슷한 두 친구가 있습니다.
한 친구는 몇 번 하다가 말았고,
또 다른 친구는 될 때까지 했습니다.

성공의 길에 필요한 것은
재능보다 끝까지 하는 것입니다.

안중근

" 세월을 헛되이 보내지 말라,
　　청춘은 다시 오지 않는다. **"**

白日莫虛送
青春不再來

안중근 (1879~1910)
독립운동가. 삼흥학교를 세우는 등 인재양성에 힘썼으며, 하얼빈에서 이
토 히로부미를 저격했다. 체포되어 옥고를 치르다가 사형 집행으로 순국
했다.

청춘은 가면 오지 않습니다.

하지만 청춘을 다시 돌아오게 할 방법이

없는 것도 아닙니다.

청춘은 도전하고, 깨지고, 이겨내는

힘이 있습니다.

실패해도 아직 젊으니까 이겨낼 수 있다는

자신감입니다.

나이가 들었다고 청춘이 가버렸다고 생각하지 마세요.

청춘 정신이 있으면 됩니다.

도전하고, 깨지고, 이겨낼 용기가 있으면 됩니다.

어차피 인생은 한 번뿐입니다.

도전하고, 깨지고, 이겨내세요. 죽을 때까지….

*중국 당나라의 시구. 우리에게는 안중근 의사의 인용으로 잘 알려져
있다.

77

얼
나
이
팅
게
일

" 무언가를 성취하는 데 걸리는
시간에 대한 두려움 때문에
그것을 하는 것을 망설이지 마라. **"**

Don't let the fear of the time it will take
to accomplish something stand in the
way of your doing it.

얼 나이팅게일 Earl Nightingale (1921~1989)
미국의 라디오 진행자이자 작가. 미 해병대 출신으로 제대 후 라디오 진
행을 시작했다. 나폴리언 힐의 책을 읽고 영감을 받아 동기부여 강연을
시작했다. 〈가장 이상한 비밀〉, 〈사람은 생각대로 된다〉 등을 썼다.

현실은 비록 비루해도
꿈을 품고 꿈을 이룬 나의 모습을 상상한다면
성공은 점점 나에게로 다가옵니다.
물론 오랜 시간이 걸릴 겁니다.
그 시간이 고통이 되어서는 안 됩니다.
반가운 사람을 만나러 가는 것처럼 설레야 합니다.
이런 자세라면
시간은 내 편이 되어줄 것입니다.

78

김
연
아

" 물을 끓이는 건 마지막 1도,
포기하고 싶은
바로 그 1분을 참아내는 것이다. **"**

김연아 (1990~)
피겨스케이팅선수. 2010 밴쿠버 동계올림픽 피겨스케이팅 여자 싱글 금
메달리스트, 2014 소치 동계올림픽 피겨스케이팅 여자 싱글 은메달리스
트다.

성공한 사람은
모두 끝까지 해낸 사람들입니다.
실패한 사람은
모두 도중에 포기한 사람들이었습니다.
성공과 실패의 차이는 여기에 있습니다.
능력이 특출나서 성공하는 것도 아니고,
능력이 모자라서 실패하는 것도 아닙니다.

마
이
클
조
던

" 한 걸음 한 걸음
단계를 밟아 나아가라.

내가 아는 한
무언가 성취하는 데
그것 말고 다른 방법은 없다. **"**

Step by step.
I can't think of any other way of
accomplishing anything.

마이클 조던 Michael Jordan (1963~)
미국의 농구선수. 미국 역사상 최고의 스포츠 스타 1위에 선정됐으며
농구의 황제로 불린다.

단번에 이루어지는 것은 없습니다.
소가 천 리를 걷는 우보천리(牛步千里)의 자세로,
도끼를 갈아 바늘을 만드는
마부작침(磨斧作針)의 마음으로 나아갈 때
비로소 이루어집니다.

세상의 모든 성공은
이런 과정을 거쳤습니다.

80

맬컴 글래드웰

" 성공은 극도의 집중력과
반복의 결과다. **"**

Success is a product of deep
concentration and repetitive.

맬컴 글래드웰 Malcolm Gladwell (1963~)
영국의 신문기자이자 작가. 영국에서 태어나 캐나다 온타리오에서 자
랐다. 〈워싱턴 포스트〉 기자, 〈뉴요커〉의 기고가로 활동했고, 베스트셀
러 작가가 되었다. 1만 시간의 법칙으로 유명하다. 〈아웃라이어〉, 〈타인
의 해석〉 등을 썼다.

성공에 대한 믿음과 노력의 반복이 있으면
성공하게 됩니다.
반복이 어려울 것 같지만 쉽습니다.
매일 조금씩 실천하면 습관으로 장착이 됩니다.
습관이 되면 자동으로 몸과 마음이 굴러갑니다.

랠프 월도 에머슨

**" 자연의 흐름을 따라가라.
그것은 바로 인내심이다. "**

*Adopt the pace of nature;
her secret is patience.*

랠프 월도 에머슨 Ralph Waldo Emerson (1803~1882)
미국의 시인이자 사상가. 플라톤과 칼라일, 영국의 시인 워즈워스의 영
향을 받았으며 헨리 데이비드 소로의 멘토이자 친구다. 목사가 됐지만
교회와 충돌하고 사임했다. 보스턴 근방 콩코드에 거주하여 '콩코드의
철학자'로 불렸다. 〈자기신뢰〉, 〈자연〉 등을 썼다.

성공이 빨리 왔으면 좋겠습니다.
열심히 해서 하루라도 빨리
성공을 맛보고 싶은 마음입니다.
마음이 급합니다.
그런데 그것은 자연스럽지 못합니다.
자연의 속도는 그렇게 빠르지 않습니다.
성공이 우리에게 오는 속도도 이와 같습니다.

그러니
조급해하지 말고,
현재를 즐기면서, 노력하면서
성공을 기다려봅시다.

82

도쿠가와 이에야스

> **"** 사람의 일생은 무거운 짐을 지고
> 먼길을 가는 것과 같다.
> 서두르지 마라. **"**

人の一生は重きを負うて遠き道を行くがご
とし。急ぐべからず。

도쿠가와 이에야스 德川家康 (1542~1616)
일본 막부 시대의 초대 장군. 세력을 키우면서 때를 기다려 전국의 패권
을 손에 쥐고 에도 시대를 열었다. 그의 생애를 다룬 책 〈대망〉으로 잘
알려져 있다.

큰 그릇은 늦게 완성된다는
'대기만성(大器晚成)'이라는 말처럼
큰 꿈은 늦게 이루어집니다.
꿈을 이루기 위해서는
꾸준히 기다리며 노력해야 합니다.

남들이 보기에는
하루아침에 이루어진 성공 같지만,
그 이면에는 묵직한 기다림과 노력이
숨어있었습니다.

신
채
호

"될 수 있는 대로 책을 봅니다.

노역에 종사해서 시간은 없지만
한 10분씩 쉬는 동안에
귀중한 시간을 그대로 보내기 아까워서
조금씩이라도 책 보는 데 힘씁니다."

신채호 (1880~1936)
독립운동가이자 사학자. 호는 단재. '역사는 아(我)와 비아(非我)의 투
쟁이다'라는 명제를 내걸고 민족사관을 수립, 한국 근대사학의 기초를
확립했다. 〈조선상고사〉, 〈독사신론〉 등을 썼다.

잠깐씩 남는 자투리 시간을 소중히 하면
그 시간이 모여 큰 시간이 됩니다.
우리에게 시간은
떡하니 큰 덩어리로 주어지지 않습니다.
작고 쪼갠 시간들을 아껴서 성공할 수 있습니다.

84

레
스
브
라
운

> **❝또 다른 목표를 세우거나
> 새로운 꿈을 꾸기에
> 너무 늦은 나이란 없다.❞**

*You are never too old to set another goal
or to dream a new dream.*

레스 브라운 Les Brown (1945~)
미국의 연설가이자 작가, TV 진행자. 가난 속에서 자랐지만 불굴의 의
지로 아침방송 DJ, 방송 책임자, 정치평론가, 3선 의원으로 성공했다.
〈꿈을 실현하라〉, 〈승리할 때까지 끝은 없다〉 등을 썼다.

'모지스'라는 이름을 가진 할머니가 있었습니다.
76세에 그림을 그리기 시작해서
80세에 개인전을 열고
92세에 자서전을 내고
100세에 유명한 화가가 되었습니다.

늦었다고 생각할 때,
이 할머니를 생각해보는 건 어떨까요?

85

월
듀
런
트

**❝ 우리가 반복적으로 하는 일이
오늘의 우리를 만든다.
그렇기에 탁월함은
행위가 아니라 습관에서 나온다.❞**

*We are what we repeatedly do.
Excellence, then, is not an act but a
habit.*

월 듀런트 Will Durant (1885~1981)
20세기를 대표하는 미국의 문명사학자이자 철학자. 세계적인 베스트셀
러 〈철학 이야기〉로 철학의 대중화에 크게 기여했고, 1967년 〈문명 이야
기〉로 퓰리처상을 수상했다. 〈역사 속의 영웅들〉, 〈나폴레옹의 시대〉, 〈동
양의 유산〉 등을 썼다.

우등생이 되기 위해서는
매일매일 공부해야 합니다.
금메달을 따려면
기술을 반복적으로 연마해야 합니다.
복근을 만들려면
윗몸일으키기를 반복해야 합니다.

반복하는 것은 지겹습니다.
대부분 몇 번 하다가 포기하곤 합니다.

어떻게 이겨내야 할까요?
습관이 될 때까지만 하자고 결심해보는 겁니다.
습관이 되면 힘들다는 생각 없이
저절로 반복하게 됩니다.
그때까지만 이를 악물어보는 건 어떨까요?

86

브
라
이
언
트
레
이
시

**" 먼저 습관을 만들어라,
그러면 습관이 당신을 만든다. "**

*First you shape your habits, and then
your habits shape you.*

브라이언 트레이시 Brian Tracy (1944~)
캐나다계 미국인 작가. 불우한 환경에서 자랐지만 글로벌 컨설팅 기업의
CEO가 되었다. 〈백만 불짜리 습관〉, 〈잠들어 있는 시간을 깨워라〉 등을
썼다.

성공을 원한다면
성공한 사람들의 행동을 관찰하고
그 행동을 습관으로 삼아보십시오.

되고 싶은 사람을 마음에 그리고,
그 사람이라면 어떻게 했을까
생각해보는 겁니다.

허준

"40살이 되기 전에는
방탕하게 살다가
40살이 넘으면 문득
기력이 쇠퇴한 것을
깨닫는 경우가 많다.

일단 기력이 쇠한 다음에는
여러 가지 병에 걸리게 되고
오랫동안 치료하지 않으면
마침내 회복할 수 없게 된다."

人年四十以下 多有放恣 四十以上 卽頓覺氣力衰
退 衰退旣至 衆病蜂起 久而不治 遂至不救

허준 (1539~1615)
조선 중기 의학자. 호는 구암. 서자 출신으로, 의과에 급제해 어의가 되었다. 의학 대중화에 기여하고 동아시아뿐 아니라 세계 의학에 기여했다는 평가가 있다. 그의 저서인 〈동의보감〉은 2009년 유네스코 세계기록유산에 등재되었다.

우리가 성공하려는 이유는
행복해지기 위해서입니다.
행복의 기본은 건강입니다.
건강하지 못하면 성공도 아무 의미가 없습니다.
지금은 건강에 신경 쓸 때가 아니라고
생각할 수도 있겠지만,
성공하더라도 건강을 잃고 나면
크나큰 후회가 뒤따릅니다.

가벼운 맨손체조부터 시작해봅시다.
잘 먹고, 잘 쉬고, 잘 자야 합니다.
어쩌면 이것이 성공일지도 모릅니다.

5장 사람을 모으는 한마디

인간관계
리더십
소통
함께
더불어

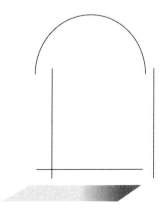

88

**"성공한 사람이 되려고 하지 말고
가치 있는 사람이 되도록 노력하라."**

*Try not to become a man of success
but rather try to become man of value.*

알베르트 아인슈타인 Albert Einstein (1879~1955)
독일 태생의 물리학자. 상대성이론을 발표해 원자폭탄 발명에 영향을
끼쳤다. 뉴턴 이후 가장 위대한 물리학자로 꼽힌다. 〈과학의 진화〉 등을
썼다.

처음에는 누구나 성공을 꿈꿉니다.
하지만 성공한 뒤 공허함이 몰려옵니다.
자신만을 위한 성공이기 때문입니다.
이 허탈감을 막기 위해서는
단순히 성공하기 위해 노력하기보다
가치 있는 사람이 되도록 노력하는 것이 좋습니다.

가치 있는 사람은 남을 돕는 사람,
남과 더불어 잘 사는 사람을 뜻합니다.
우리는 성공을 꿈꾸지만
성공은 최종 종착지가 아닙니다.
결국 남에게 도움이 되는 삶이
우리의 종착지가 될 것입니다.

89

잭슨 브라운 주니어

" 가장 행복한 사람은
더 많이 받는 사람이 아니라,
더 많이 주는 사람이라는 것을
기억하라. **"**

*Remember that the happiest people are
not those getting more, but those giving
more.*

잭슨 브라운 주니어 Harryett Jackson Brown Jr. (1940~)
미국의 작가. 작가가 되기 전에는 내슈빌에 있는 광고대행사의 크리에
이티브 디렉터로 활동했다. 〈행복을 부르는 아름다운 풍경〉, 〈인생의
작은 교훈〉 등을 썼다.

내 것만 가지려고 아등바등하는 모습은
결코 성공한 사람의 모습이 아닙니다.

성공한 사람들은
다른 사람을 조금이라도 더 도우려고 애를 씁니다.
나의 도움으로 인해 누군가 행복해하는 것이
결국 나도 행복하게 만든다는 것을
잘 알고 있기 때문입니다.

90

마르쿠스 툴리우스 키케로

> **"**누구도 홀로 태어나고
>   홀로 살아가지 않는다.**"**

We are not born, we do not live for
ourselves alone.

마르쿠스 툴리우스 키케로 Marcus Tullius Cicero
(B.C. 106~B.C. 43)
고대 로마 정치인이자 변호사, 작가. 플라톤의 철인정치를 실천한 정치
가이자 철학자다. 〈법률론〉, 〈국가론〉, 〈수사학〉 등의 책을 썼다.

빛은 자신을 비추지 않고,
물은 자신을 씻지 않습니다.
자연은 서로 돕습니다.
땅은 식물이 자라게 해주고,
공기는 동물이 숨쉬게 해줍니다.
이것이 자연의 이치입니다.

우리도 남을 돕기 위해 태어나지 않았을까요?
진정한 성공의 의미를 되새겨봅니다.

이
시
형

" 성공 법칙 제1조
불평하지 않는 것 "

이시형 (1934~)

정신과 의사이자 뇌과학자. 실체가 없다고 여겨지던 '화병(Hwa-byung)'을 세계 정신의학 용어로 만든 정신의학계의 권위자. 대한민국 뇌과학의 대중화를 이끌었다. 〈이시형 박사의 면역 혁명〉, 〈내 삶의 의미는 무엇인가〉 등을 썼다.

모든 것에 감사하십시오.

기쁨에 감사하십시오.
기쁨이 힘이 되어줄 겁니다.
고통도 감사하십시오.
고통이 성공의 발판으로 바뀔 겁니다.

모든 것을 감사해보세요.
성공은 그렇게 옵니다.

92

플로렌스 스코블 쉰

" 삶의 본질은 부메랑이다.
우리들의 생각과 행동과 말은
우리에게 돌아온다.
머지않아, 놀랍게도 정확히. "

*The game of life is a game of
boomerangs. Our thoughts, deeds and
words return to us sooner or later with
astounding accuracy.*

플로렌스 스코블 쉰 Florence Scovel Shinn (1871~1940)
미국의 작가이자 예술가. 극단에서 활동했고, 잡지와 단행본의 삽화를
그렸다. 1925년 〈인생 게임에서 이기는 방법〉을 출간해 주목받았다.
〈성공을 향한 비밀의 문〉, 〈여성을 위한 게임의 법칙〉 등을 썼다.

현재의 내 모습은
과거에 내가 했던 생각과 행동의 결과물입니다.
물론 상황의 영향을 받았을 수도 있겠지만,
같은 상황이라도 어떤 이는 성공하고
어떤 이는 실패하는 것을 보면
결국 모든 책임은 나에게 있는 것입니다.

이제는 상황 탓을 그만할 때입니다.
내 인생에 책임감을 느끼고,
내 생각과 말과 행동에 집중해야 합니다.

93

지
그
지
글
러

"다른 사람들이 원하는 것을
얻을 수 있게 돕는다면
당신이 원하는 모든 것을
얻을 수 있다."

*You can get everything in life you want
if you will just help enough other people
get what they want.*

지그 지글러 Zig Ziglar (1926~2012)
미국의 작가. 주방기구 세일즈맨으로 사회에 첫 발을 디딘 후 최고의 세
일즈맨이 되었다. 그 후 동기부여 강연을 시작했다. 〈정상에서 만납시
다〉, 〈클로징〉 등을 썼다.

남의 성공을 도우면

나의 성공이 더 빨리 다가옵니다.

도움 받은 사람은 보답하고 싶어 하니까요.

그렇기에 성공한 사람은 주변을 잘 돕습니다.

성공한 사람은 그것을 잘 알고 있습니다.

남에게 준다고 내가 잃는 것이 아닙니다.

94

오
그
만
디
노

❝ 부자가 되기 위해
부와 직업을 갈망하지 마라.

대신 행복하기 위해 노력하고,
사랑하고 사랑받기 위해 노력하고,
무엇보다 마음의 평화와 평온을
얻기 위해 노력하라.❞

*Do not aspire for wealth and labor not
only to be rich.
Strive instead for happiness, to be loved
and to love,
and most important to acquire peace of
mind and serenity.*

오그 만디노 Og Mandino (1923~1996)
미국의 저술가. 제2차 세계대전에 참전하고 제대 후 보험판매원이 되었
다. 자살을 결심했다가 우연히 들른 도서관에서 책을 읽고 삶이 바뀌어
성공적인 작가이자 강연자가 되었다. 〈위대한 상인의 비밀〉을 썼다.

단지 부자가 되는 것이 성공은 아닙니다.
누군가를 사랑하고, 사랑을 받고,
도움을 주고, 도움을 받고,
내가 행복해지고, 남도 행복해지는 것이
성공입니다.

마음이 평화로워
누군가에게도 같은 평화를 나눠주는 것이
바로 성공입니다.

95

조
엘
오
스
틴

> **"** 당신의 허락 없이
> 누구도 당신을 화나게 할 수는 없다.
>
> 자기들 마음대로 떠들어도
> 그 말을 무시해버리면 그만이다. **"**

No one can offend you without your
permission.
They can say whatever they want, but
you have the right to ignore it.

조엘 오스틴 Joel Osteen (1963~)
미국의 목사. 미국에서 가장 영향력 있는 기독교인이며, 2006년 '바버
라 월터스 올해의 멋진 인물 10인'에 선정되었다. 〈긍정의 힘〉, 〈잘 되
는 나〉 등을 썼다.

모두가 당신을 응원하지 않을 수 있습니다.
오히려 "넌 못해", "네가?"라며
비난을 할지도 모릅니다.
그런 말에 휘둘려서는 안 됩니다.
우리는 우리 감정과 이성을 조절할 수 있는
주체입니다.
우리의 권리를 포기하지 맙시다.

96

엘
버
트
·
허
버
드

" 위인은
사람들이 생각하는 것만큼
그렇게 위대하지 않고,

어리석은 사람도
보이는 것처럼 그렇게 멍청하지 않다."

*The great man is not so great as folks think,
and the dull man is not quite so stupid
as he seems.*

엘버트 허버드 Elbert Hubbard (1856~1915)
미국의 작가이자 철학자. 세일즈맨으로 크게 성공했다. 스페인과 미국이
벌인 전쟁 일화를 소재로 에세이 〈가르시아 장군에게 보내는 편지〉를 써
서 당시 경제공황에 빠져 있던 미국 사회에 반향을 일으켰다. 〈인생의 서
른 가지 질문에 대한 해답〉 등을 썼다.

위인들이 처음부터 대단해서
위대해진 것은 아닙니다.
그들도 우리와 똑같이 태어났고,
똑같은 삶을 살았을 뿐입니다.

다만 그들은 생각을 조금 달리했습니다.
위대해지기로 결심했고 노력했습니다.
우리도 그렇게 할 수 있습니다.

97

노
자

**" 남을 이긴 자는
힘이 있으나,**

**나를 이긴 자는
강하다. "**

*勝人者有力
自勝者强*

노자 (시대 미상)
고대 중국의 사상가이자 철학자. 도가학파 창시자로 알려져 있다. 억지
로 하는 것보다 자연스럽게 흘러가는 것에 맡기자는 무위자연 사상을 주
장했다. 〈도덕경〉을 썼다.

성공은 남을 이기는 것이 아닙니다.
자신과의 싸움에서 자신을 이기는 것이
진정한 성공입니다.

오늘 아침 6시에 일어나기로 결심했으면
6시에 일어나서 나를 이겨보는 겁니다.
그렇게 승리의 과정을 하나씩 짚어가다 보면
어느새 우리는 성공한 사람이 되어있을 것입니다.

공
자

**" 군자는 평온하고 여유가 있지만,
소인은 늘 근심에 차 있다. "**

*君子坦蕩蕩
小人長戚戚*

공자 (B.C. 551~B.C. 479)
고대 중국의 사상가. 유교의 시조로, 동양철학의 근간이다. 인(仁)을
정치와 윤리의 이상으로 하는 도덕주의를 주장하며 덕치 정치를 강조
했다. 3천여 명의 제자를 길러내고 중국 고전을 정리했다. 〈논어〉에 그
가르침이 잘 드러난다.

성공으로 가는 과정은 멀고 험해 두렵습니다.
맞는 길인지, 성공할 수 있을지
의문이 들고 걱정이 앞서
자꾸 우리를 막아섭니다.

걱정을 굳이 없애려고 하지 마세요.
그냥 그대로 놔두고
원래 목표했던 길을 가면 됩니다.

99

마크 트웨인

" 당신의 포부를
얕잡아 보는 사람들을 멀리하라.
속이 좁은 사람들은 늘 그렇다.

그릇이 큰 사람은
당신도 큰 인물이 될 수 있다고
북돋워준다. "

*Keep away from people who try to belittle
your ambitions. Small people always do
that, but the really great make you feel that
you, too, can become great.*

마크 트웨인 Mark Twain (1835~1910)
미국의 소설가. 본명은 새뮤얼 랭혼 클레먼스다. '물 깊이 두 길'이라는
뜻의 마크 트웨인이라는 필명으로 활동했다. 〈톰 소여의 모험〉, 〈허클
베리 핀의 모험〉 등을 썼다.

대부분의 사람들은 우리의 꿈을 무시합니다.

말도 안 된다고 핀잔을 줍니다.

거기에 꺾이지 마세요.

오히려 남들이 그럴수록 더 힘을 내세요.

성공한 사람들은 다 그런 과정을 겪었습니다.

100

유일한

" 사람은 죽으면서 돈을 남기고
명성을 남기기도 한다.

가장 값진 것은
사회를 위해서 남기는 그 무엇이다. "

유일한(1895~1971)
기업가이자 독립운동가. 본명은 유일형이었지만 미국에서 유학할 때 발
음이 어려워 유일한으로 이름을 바꿨다. 귀국 후 유한양행을 설립하고
민족자본 형성에 기여했다. 전 재산을 사회에 환원한 것으로 유명하다.

성공의 최종 목적은 나눔입니다.
공헌, 나눔, 베풂, 도움, 봉사, 헌신은
성공을 넘어 위대함으로 가는 길입니다.

유익한 정보와 다양한 이벤트가 있는
리스컴 블로그로 놀러 오세요!

홈페이지 www.leescom.com
블로그 blog.naver.com/leescomm
인스타그램 instagram.com/leescom

지은이 | 김우태

책임 편집 | 이희진
디자인 | 이미정 한송이

출력·인쇄 | HEP

펴낸이 | 이진희
펴낸 곳 | (주)리스컴

초판 인쇄 | 2023년 1월 3일
초판 발행 | 2023년 1월 10일

주소 | 서울시 강남구 테헤란로64길 13, 풍림아이원레몬 오피스 1201호
전화번호 | 대표번호 02-540-5192
　　　　　 영업부 02-540-5193
　　　　　 편집부 02-544-5194
FAX | 02-540-5194
등록번호 | 제2-3348

ISBN: 979-11-5616-293-3 13190
책값은 뒤표지에 있습니다.